AF599938

Cómo vas a abandonar todo el cuerpo de algo

Ana Madera

Aliarediciones

Corrección: Eladia Guerrero
Diseñon de cubierta: Aliar Ediciones
Maquetación: Aliar Ediciones

Depósito Legal: GR 671-2025
ISBN: 979-13-87823-10-8

Impreso en España

Edita
ALIAR Ediciones
www.aliarediciones.es
info@aliarediciones.es

Cómo vas a abandonar todo el cuerpo de algo

Ana Madera

A todos aquellos a los que les cuesta concentrarse en una sola cosa.

—Porque entonces alguien podría estar a punto de matarte y tú no podrías hacer nada por evitarlo—.

A todos aquellos que sienten que la vida es muy grande y muy amplia y muy extensa y con ángulos y colores.

Para los multiapasionados que desearían tener el superpoder de retener el tiempo y también para todas las personas que me apoyan y sustentan cuando escribo y cuando no.

INTRODUCCIÓN

Cuando tenía 14 años encontré en la canción *Hallelujah* de Leonard Cohen el oasis donde descansar más parecido al cielo.

No es que con la canción ya no tenga suficiente, pero ¿y si convierto mi diario y mi resistencia en el prefacio de un nuevo nacimiento?

Secuestro la felicidad para acordarme de ella.
Le tiendo la mano a la soledad para comerme un pastel con ella.
Escupo la incapacidad de atreverme a ser quien soy para liberarme de ella.

Me gustaría contaros que, ya en la última fase de corrección de este manuscrito y después de leerlo por trigésima vez, reparé en una cosa que no había computado en mi cerebro hasta el momento; y esto fue el número de veces en que hago referencias al «mar», al «agua» o al «océano» a lo largo del libro, aparte del «tiempo», claro.

Llamó poderosamente mi atención darme cuenta de que quizás —solamente quizás— todo provenga de un mismo lugar.

Se despertó en mí una gran curiosidad y procedí sin ningún tipo de pretensión a teclear «sentimiento oceánico» en el explorador de mi ordenador, topándome en milésimas de segundos con esta primera y muy reveladora definición:

«El término "**sensación oceánica**" fue acuñado por el escritor francés Romain Rolland en una carta a Sigmund Freud en 1927, donde lo describió como "**una sensación de lo eterno**", un sentimiento de "**ser uno con el mundo externo como un todo**" inspirado en el ejemplo de Ramakrishna, entre otros místicos».

Este es el libro que escribí en la barriga de mi madre.
Este es el libro que escribí debajo del somier.
Este es el libro que escribí en un papel arrugado con forma de nota de móvil para después apostillarlo debajo de mis huesos.

Lo escribí en el ascensor,
en el autobús,
en la tienda de campaña
y en el escondite descolorido de una nueva casa.

«Trabajo, luego no muero. Ese es el silogismo».

Angélica Liddell

PARTE I

EL ANCLA

La vida es un arroz frito con tu abuela

La vida es un paseo al sol.
La vida es siempre el sol.
La vida es un arroz frito con tu abuela.
La vida es lo mismo que ese rayo de ese sol.

Verano.
La vida es un baño en el mar.
Siempre.

Otoño.
La vida es un milhojas de merengue de confitería a las cinco.
Siempre.

Un traje espeso de terciopelo.
Un prendedor nuevo.
Una canción de James Brown cuando sales del metro.

Una nueva ciudad inoportuna.
Una clase de zumba.
Muchos viajes inoportunos.
Una canción de karaoke con un desconocido.
Una coca cola fresca con burbujas y rodaja de limón.
Patatas fritas.
Los ojos brillantes de un recién nacido.

El rito del teatro.
El café de en medio.
Un café con tu prima.
Los cafés de en medio.
Los cafés.
Todos los de en medio.
Cigarrillo.

Los cigarrillos a veces son como el sol.

Olor a sal.
Olor a hoja nueva.
La enciclopedia.
El libro escondido.

El olor que se desprende en un niño pequeño.
Armario antiguo.
Todo.
La solidez.
Las casas.
Su madera.
El olor de una nueva pastilla de jabón.
Jengibre. Tu bandera.

Alfombra dorada de hotel sofisticado.
La novela que te recuerda lo que es ser amado.

Invierno.
Chimenea de cabaña y leche caliente.
Calcetines naranjas o verdes de lana.
Churros.
Manta vieja de abuela.
La canela. Fresca. Todo lo fresco.
Siempre.

Domingo.
Rastro.

Frescor del domingo y su vermú con aceitunas.
Concierto de *country*.
O de *jazz*.
O de soul.
O de fado.
Te enteras de lo que es la vida hablando con un ermitaño.

Calentaste la ropa sin darte cuenta,
embriagaste tu piel sin pensarlo.

La ausencia es como dormir tres años seguidos en febrero

La ausencia es como dormir tres años seguidos en febrero.
La ausencia es simplemente la nada
y la barra de pan se sigue despachando en la madrugada.

La nada es lo peor que te puede pasar.
La nada es el frío.
La nada es un poco de un frío muy frío
que te aúlla una nueva manera de respirar.

Hay que pasar por el frío.

¿Cómo puedes dejar tu casa pronto por la mañana
e ir a comprarte lentejas sin el calor?

¿Cómo puedes poner tus dos pies en tu cocina
y cocinarte un revuelto de jamón?

¿Sin el calor?
¿Cómo se convive sin el calor?
¿Cómo se sigue luchando sin el calor?

El calor es lo opuesto a estar solo.
El calor es corrosivo.
El calor del otro es corrosivo y colorido.

Y chispeante,
y necesario,
y fosforito.

El calor es el ardor.
El ardor es crujiente,
cafeinado,
y lascivo.

Te abraza,
te pica,
te quema,
te irrita,
te persigue,
te fulmina
y te critica.

De esto vivo

Si existe un ancla es la sorpresa.
Un ancla,
un cimiento,
una raíz.

Si existe algo que haga que la vida
perdure,
y se alargue,
y se estire,
se trata del brillo
que descansa
bajo tu cicatriz.

Si existe una sola cosa que nos ayude a vivir,
es la sorpresa.
Y el amor.
Y la sobremesa.
Y siempre el amor.

Cada vez que te sorprendes
descubres algo nuevo de la Tierra.

Vivo de la comida con hambre
y de la cama con sueño,
del trampolín del picante
tras la mañana en ayunas,

del relucir en el río de todo lo bello,
de la ducha bien fría
tras sudar mis heridas,
de la hamburguesa caliente
tras declararme perdida.

Me gustan los días de enfermedad

Me gustan los días de enfermedad.
Me gustan los días de enfermedad
porque el aire resulta más agradecido.

En los días eternos de enfermedad,
tres zumos de naranja
valen lo mismo que un beso
tierno y merecido.

En las tardes enteras de enfermedad
las ahuecadas sábanas de siempre
te lamen como diosas seductoras
y las espesas persianas del puente
te convierten en fantasma exploradora.

«En el interior de cada universo el tiempo se altera
y lo que revela es nada menos que la eternidad».

Anne Bogart

Lo que la pausa me dijo

Hubo un día en que tuve el placer de renacer
después de entablar una conversación
con la pausa.
Hubo un día en concreto en que
visité la causa de la pausa.
Una pausa
atronadora,
asfixiante
y determinante.

Y si algo me gustaría decir es que esta pausa fue lo mismo
que lo que yo siempre pude imaginar
que sería la muerte.

Y me hizo pensar que a lo mejor la muerte
significa lo mismo que estar viva del todo
y olvidarse de la suerte.

Me descifró que cuando el mundo descansa profundo
y silencioso
y obediente,
es como si te fueras evaporando dulcemente.

La primera pausa me dijo:
Te doy peso,
solvencia,
credibilidad.

Te doy cuerpo,
gravedad,
autenticidad,
veracidad.

Y fue entonces cuando el universo de las nubes
se puso a comulgar y una docena de labios
accedieron a enunciar:
Yo soy la pausa sedienta de respuesta,
yo soy la pausa de la sed de complicidad,
los ojos que le dan un respiro a los de en frente,
el alivio a la tensión que se esconde bajo tus lentes.

Yo soy la pausa que despierta al espectador,
que agita al lector,
que conmueve al redactor
y moviliza al actor.

Yo soy la pausa
que le embauca,
que le atrapa
y que le persigue
hasta que el aire se le atraganta.

Yo soy la pausa que reúne
a todas las almas de un teatro,
pues la pausa unificadora
te eleva y
te aniquila sin hora.

Soy un descanso regenerador.
Soy una suerte de muerte
en forma de permiso del tiempo
para que el corazón se prepare
para el último pulso.

Soy un silencio del universo
que te mira para sonreír.

Y justo después de recomponer mis oídos y mis latidos
me di cuenta de que todas eran la misma.
Todas eran la misma pausa.
La pausa es lo mismo que la eternidad.

Y si te atrapa
te amarra
y
vives muriendo
y
mueres viviendo.

El miércoles más largo del mundo

Deja que me quede,
hibernar sobre ti será a continuación.
Permite que me entere,
para poder durante el sueño atisbar una canción.

Ya me enrosqué más redonda,
ya es tu axila mi torre de la noche,
reposa y el tiempo rebasa
el largo infinito
de tu cabello de broche.

A primera hora te aviso,
la habitación huele a soldado
y un zumbido de persiana nos susurra
amanecer de paraíso.

Gastaremos el sol exprimiendo tres pomelos.
Te vestirás con un bañador viejo
que parezca un calzoncillo
pero haré que no me doy cuenta
presumiéndote mi hoyuelo.

Tu pelo brillará aún más si cabe
a pesar de no haber sido rozado.

Beberé dos tazas de café.
Tú conseguirás la espuma.
Tú te encargarás de la espuma
y yo me beberé uno y después el otro
sin siquiera haberme percatado.

Y aunque sea solo la una
masticaremos media rebanada
de tostada del otro día
y compartiremos la radio
con Carmen la vecina.

La harina te hará cantar,
y de pronto sonará *Peces de ciudad*
de Sabina.

Cuando parezca que hemos terminado,
te abrazaré por la espalda
y nos inventaremos cinco pasos
que terminen en carcajada.

El miércoles más largo del mundo.
El miércoles más bello del mundo.

Viene

Yo,
haciéndome la muerta,
anhelando sentirme un poco menos muerta
o un poco más muerta,
no lo sé,
fue en el agua,
eso sí lo sé.

En el agua en la que
te estancas mientras viene.
Quieta,
inmóvil,
viene.
No te invoqué.
El mar al que te entregas mientras viene.
No sabes.
Te congelas.
Viene.
Para invocarte.
Ignoras. Vives.
No miras,
tampoco lees.
Te congela la muerte del mar que sí sabes.
Se apresura y grita anunciando
la vida del agua que no sabes.

Está aquí.
Y sin tú saberlo,
no diré que viene,
diré que vino,
ya que no quiero enfriarme.

Cuando levitamos en el océano, ¿está pasando el tiempo?

Cuando levitamos en el océano,
¿está pasando el tiempo?
¿cómo se sortea el tiempo?
¿y si el océano no nos quiere?

Cuando jugamos al parchís,
¿está pasando el tiempo?
¿y si el piélago del océano no nos deja que naveguemos sobre él
y nos extermina excluyéndonos de cualquiera de todas las leyes
del tiempo?

¿Qué es bucear?
¿Qué es levitar?
¿Qué es el océano?
¿Qué es sortear?

¿Cuándo tú y yo hacemos el amor,
acaso pasa el tiempo?
Y cuando tú me estás peinando mi pelo,
¿qué es lo que pasa?

¿Qué es el tiempo?
Cuando el grano de arena te alcanza
y te besa
tras dos centenarios
enclaustrada como baronesa,
¿está pasando entonces el tiempo?

¿Cómo organizamos el albergue de nuestra resistencia
sin enjaular nuestras bocas
en la visiblemente inocua
trompa deshollinadora
que es el tiempo?

«El tiempo es la escuela en la que aprendemos.
El tiempo es el fuego en el que nos consumimos».

Delmore Schwartz

PARTE II

EL CEPO QUE NOS DUERME

Ni carne ni laringe ni tobillos nunca tuvimos

Y si tú no te entregas al ancla,
ni a las burbujas de sus mapas,
ni a las estelas de su caña,
y no cultivas
la esperanza de luchar por su herradura,
es porque no frecuentas su envergadura
ni cometes el arrojo de convivir con la locura.

Y cuando tú no te lanzas a la pausa de la eternidad
y tú no saltas ni te lanzas ni te sumerges nunca
dejando de un lado la velocidad,
no existes.

Y van a pasar cosas.
Y tampoco va a pasar a nada.
Van a pasar muchas cosas que son las mismas cosas de siempre
y al mismo tiempo lo que te va a pasar es la nada.
Porque tú no eres tú.
Y yo solo puedo decir a día de hoy y ahora mismo
y ahora que lo tienes que hacer.
Sí.

Tenemos que hacerlo.
Tenemos que hacerlo y solo podemos hacerlo
haciendo una sola cosa
que es única y solamente olvidándonos del tiempo.

Y también tendría que olvidarme de los demás.
También tengo que hacer eso.
Sí.
Olvidarme de los demás y de la opinión de los demás
y de las palabras afiladas y envenenadas de los demás.

A veces los demás significan lo mismo que el tiempo.

Y si tú no te olvidas de los demás
todo el sentido de tu vida entera responde
a todo eso que pretenden ser los demás y
tú ya no tienes más que un cuerpo sin cuerpo
que ofrendas vaga y gratuita y estúpidamente a los demás.

Y entonces tú no tienes nada.
Tú no eres nada.
Yo no soy nada.
Tú eres lo mismo que él o que ella o que yo
porque ya no eres nada ni mucho ni nadie.

Tú no tienes nombre.
Tú no tienes cara.
Tu cara ya no es tu cara.
Tu nombre no responde por tu nombre
y si alguien te llama la próxima semana por casualidad
y por tu nombre
tu nombre ya no se enciende al ser pronunciado
y apellidos

ni carne
ni laringe
ni tobillos
nunca tuvimos.

A los que no habláis con nadie

A los que no habláis con nadie,
a los que os acurrucáis en la parada del autobús
mirándoos el oxígeno entre los pies,
a los que lloráis de ternura
por la gente que siembra la tierra del revés.

Hay un chico muy joven que lleva un sombrero,
¿quién le habrá robado?

Hay un chico muy joven que no come helados,
¿a quién habrá matado?

Hay un chico muy joven que te mira de lado,
¿cuántos hombres rata le habrán vapuleado?

Esperando hora tras hora,
diviso a la misma señora
que luce mariposas en el pelo,
que se pinta los ojos de verde
y la boca color caramelo.

¿Seríais capaces de fenecer en mis ojos
si os susurro que os quiero?

Guardo un puñado del tiempo para cualquier persona

Guardo un puñado del tiempo para cualquier persona.
Para el vecino grisáceo que a veces saluda desde el ascensor,
para la matrona,
para el treintañero porrero que me arregló el carburador.

Colecciono algunas letras para cualquier persona.
Para el inmigrante tranquilo que se esfuerza como vendedor,
para la matrona,
para Dulce González que me protege desde Ecuador.

¿Veis mis ojos en mí?

Esta tarde,
mientras abalanzaba mi cabeza
sobre el techo de madera,
recordé lo que era
una existencia sin mi cadera.

Movilizaba al andar unas piernas
que no eran mías,
pisaba el suelo con unos pies
que no reconocía.

Sé lo que es respirar a través de una garganta de cristal.

Mi garganta no era una garganta.
Mi garganta solamente era una caja de cristal.
Mis ojos brillaban por cortinas.
Cortinas finas.
Y ahora puedo comprenderlo todo
y veo que exhibo una ropa que no es mi ropa.
Cortinas gruesas.
Arrastro la ropa.
Un par de pantalones no son más
que una terrible excusa para parecer humana.
Bailo inútilmente con la ropa y mis zapatos
son un par de pesadas piedras
enterradas en el paso de cebra del semáforo anterior.

Mi pelo lo cosieron esta mañana.
Apenas puedo dibujar el contorno de mi boca
para abrirle algo de paso a la brisa.
Tampoco sé si debería seguir olfateando con mi nariz.
Las pestañas a veces se me mueven
y me pregunto si nací con ellas.

Me apetece acariciar un mostrador limpio pero no puedo.
Me apetece lamer un tronco de castaño pero no puedo.
Me apetece escupir toda mi saliva de desayuno en esta acera
pero no puedo.
Me apetece sacar el culo y agitarlo tres veces
y que le entre algo de aire para
visualizar la tierra pero no puedo.
Me apetece danzar como Mary Poppins
y ponerme un jersey encima del otro pero no puedo.
Me apetece hablar con todas las personas
de todas las terrazas que veo
y preguntarles si se sienten solas y si hoy
han pensado en matar a alguien cercano pero no puedo.

Me apetece correr desnuda por en medio
y a través de las carreteras de esta ciudad.
Correr rápido.
Correr muy rápido y solamente parar
para dejar a una señora muy mayor y muy
anciana acariciar el aire de la mañana.

Y dar paso a la misa arañándome todo el cuerpo
a la vez que hablo con todas
esas personas de todos esos países de todas esas terrazas
y preguntarles si ven
mis ojos en mí.

¿Veis mis ojos en mí?

Compendio de alucinaciones que son amigas

Escribo para acariciarte en un sendero.
Escribo para atenuar la pereza.
Escribo para encontrar la luz en el horno.
Escribo para ver lagartos en el parque.
Escribo para recordar la purpurina.
Escribo para conseguir que un monje me cante.
Escribo para abrirte mi casa.
Escribo para encontrar un libro en hebreo.
Escribo para recordar que te veo.

Si me compro un vestido nuevo y me lo pongo, ¿quién soy?

Si me compro un vestido nuevo
y me lo pongo
y me queda bien
y decido bailar como a mí me gusta frente a un espejo húmedo,
¿quién soy?

Si me hago fotos antiguas desnuda,
y postrada,
y sentada,
y medio tumbada,
y medio levantada sobre un somier oxidado,
¿quién soy?

Si decido ir sola a un restaurante chino
y decido comer muy despacio y no ocupar mi mente con nada
y solo observar
delicada y cuidadosamente
la manera en que todas las personas se abrazan a sus cubiertos
y chupan sus servilletas,
¿quién soy?

O también puedo colarme en una fiesta.

Y si yo, hoy, decido sonreír a todos los niños y niñas
que salen del colegio
y prometerles todo el amor inmenso que yo tengo, ¿quién soy?

O también puedo colarme en una boda.

La voz dice:
¡También podrías cortarte con vasos de cristales
para que el vecino de enfrente que está muy gordo te vea!

¿Puedo lavarme mi pelo que está limpio esta noche a las 7
con champú y que después huela bien?

¿Puede una persona lavarse su pelo que está limpio con champú
y que después huela bien?

¿Puedo comerme tres helados al día y que todos sepan bien?

¿Puedo usar los mismos zapatos plateados todos los jueves
y que no me dejes
de querer?

Y no depilarme.
Y cantar por doquier.
Y no rasurarme.
Y mancharme sin querer.

Todo lo que tienes o lo ganas o lo pierdes

Y yo.
Y yo…
Y yo me pregunto.
¿Qué es lo que pasaría si tú tienes una casa y la pierdes?
¿Qué es lo que pasaría si tú tardas muchos años en conseguir
que tu casa sea tu casa y pasa algo y tú la pierdes?
¿Y si tienes una vez un hogar y lo pierdes?
¿Y si tienes un sitio al que volver y lo pierdes?
¿Y si tienes todo lo que tú quieres y lo pierdes?
¿Y si no tienes ningún sitio al que volver porque tú vas
y lo pierdes?
¿Y si todos tus diarios que son la única cosa
que tú tienes tú los pierdes?
¡Tus diarios!
¡Y tus espejos!
¡Y tus palabras!
¡Y los periódicos!
¡Y la harina!
¡Y sus almendras!
¡Y tus prismáticos!
¡Y los tornillos!
¡Y tus fotografías!

Siempre pasa algo.
Siempre pasa algo.
¿Alguna vez has compartido el agua con alguien

que es capaz de dormirse en tus huesos
durante todas las horas del hambre?

¿Alguna vez has compartido el perchero con alguien
que es capaz de masticarse tu pelo y de beberse
todos tus demonios a través de tu sangre?

La tristeza no es la esquina en el techo de ningún loco

Si durante mucho tiempo
pasea conmigo la alegría,
a la tristeza entonces invoco,
pues mágica y fugazmente
se convierte en melancolía.

La tristeza no es la esquina
en el techo de ningún loco,
y yo la dejo que se arrime
hasta convertirla en poesía.

Si contenta viene a verme estrujo
con mis hombros el colchón.
Gimo hondo bajo la almohada
escuchando una única canción
y las cuerdas vocales de la voz del son
servirán de colchoneta donde exprimir mi corazón.

Deja que las notas del aire movido amamanten
la cuna de tus asesinos.
Danza con ella sobre los cipreses de tus amigos.
Y si entra,
recuerda que está viva
y que nunca abandona a los que estamos medio rendidos.

Ayer soñé que un hombre me disparaba

Ayer soñé que un hombre me disparaba
a través de un cañón muy largo y muy fino,
mi frente se marchitó de golpe
y me caí por un ventanal de una pequeña buhardilla de
panadería en la que me colé para escaparte.

Por primera vez en mis sueños no sentí ningún miedo al morir.
Por primera vez en mis sueños no sentí ningún miedo al caerme
ni al morir.
Y,
tras media bocanada de aire,
deserté,
salí.

Aparecí en algún lugar remoto en África
y solo pude ver mi melena castaña de
espaldas y unos modestos pantalones vaqueros
mientras impartía una clase de algo.

La luz era preciosa.
La luz era maravillosa.

Y mi cabeza pensante además de soñante
me obligó forzosamente a quedarme
para poder escuchar atentamente unas tres palabras de Dios.

Le regalé dos instantes al sueño para que él mismo soplara por mí:
El
Cielo
Muerde

«El creador despliega una energía considerable para luchar contra una parte de sí mismo que quisiera rendirse ante la adversidad».

Philippe Brenot

Muerte en la ciudad

Ven a visitarme debajo del sótano de la marquesina del autobús.

Ven a visitarme debajo del semáforo de esta ciudad maloliente.

Ven a visitarme agarrada de las alcantarillas.

Masajéame mientras me caigo por el puente de la Culebra.

Ojalá puedas divisarme colgada de la boca del metro.

Ven ya, por favor, ven y acompáñame a jugar a la frutería empolvada.

Detenerme delante de ella será como recuperar la inocencia compartida.

Cuando pise la ciudad. Cuando pise la calle.
Cuando pise la próxima estación.
De autobús. O de tren. O de avión.

Avístame desde el cielo.
Avístame desde el infierno.

Sóplame al oído que me ves. Por favor. Sóplame al oído que estás cerca.

Aproxímate y susúrrame que reconoces mi figura.

Eres una masa grande y extensa y espesa.

No te veo pero sí que te veo porque te estoy oliendo con mis pómulos.

Mientras escribo esquivo la muerte de mi alma.

Mientras escribo lo que hago es esquivar mi putrefacción.

Mientras escribo retengo el último aliento que me queda.

Toco la luna por penúltima vez.

Solo puedo agarrarme a ti y me agarraré tan fuerte
que incluso te estaré haciendo daño
y probablemente te haga estrías y marcas y heridas por el camino.

Todos necesitamos un dios.

Todos necesitamos un talismán donde rozarnos
cuando estamos a punto de morir.

Me lo inventaré si tengo que inventármelo para seguir viviendo.

Diseñaré uno o varios al menos por ahora hasta que despierte
en una fuente de jardín.

No me abandones.

PARTE 3

ARGANEO, LLÉVAME

Un desvarío

Voy a salir corriendo a tumbarme
sobre la cálida piedra del puerto
a esperar a que alguien me recoja.

Me consuelo con saber que alguna gaviota
podrá torcer su cuello para avistarme,

que algún niño que persigue su balón
pueda encontrarme,

que algún marinero algo viejo de viejas muñecas en porche
encuentre en mi cuello torcido el tamaño de su niña,

que una refugiada rusa se detenga de repente
porque quiera observarme
y yo no la riña.

Que me sobrevuele y sobrevenga
la madre gaviota y deje que escoja.

Me gustaría

Me gustaría bailar y que no pase NADA.
Me gustaría tocar el tambor y que no pase NADA.
Me gustaría cantar con mi voz que es mi voz y que no pase NADA.
Me gustaría posar para una foto y que no pase NADA.

¿Te atreves a vivir?

Me gustaría picar a la puerta después de cerrar el garaje y que no pase NADA.
Me gustaría secarme los pies después de bañarme y que no pase NADA.
Me gustaría alcanzar la muñeca del estante de arriba y que no pase NADA.
Me gustaría escurrir el último estropajo y que no pase NADA.

Cuando te han arrancado toda fe y esperanza en las personas,
¿te atreves a vivir?
¿o no?

Me gustaría pasarme un mes en la jungla limpiando mi cuerpo
y que no pase NADA.
Me gustaría hacer lo que quiero y que no pase NADA.
Me gustaría apretar un re menor y que no pase NADA.
Me gustaría colocar las compresas y que no pase NADA.
Me gustaría arrancarme un pelo del muslo y que no pase NADA.
Me gustaría recolocar el marco del espejo y que no pase NADA.

Me gustaría tumbarme en la hierba cualquier tarde a las cinco,
oler tres girasoles
y levantarme sin tener
que mirarme los pantalones.

Prendas, me protegéis.
Prendas, yo con vosotras juego pues esquivo vivir.

Voy a abandonar todo el cuerpo de todo

¿Cómo vas a abandonar todo el cuerpo de algo
y pasar a juguetear y a mirar y a entretenerte con otro algo?

¿Cómo vas a abandonar todo el cuerpo de algo
y hacerlo cenizas con tu piel rosada
y vibrante
y caprichosa
y espeluznante?
¿Cómo vas a abandonar todo el cuerpo de algo
y sepultar ese algo que es
legítimo
y redondo
y grande
y brillante
y simplemente dejarlo medio huevo
y medio vacío
y medio entero
para que se pudra
como un cadáver desatendido
y que nadie más le haga nunca caso?

Y que nadie más le mire.
Y que nadie más nunca más
le regale ni una triste parcela de su vaso.

Quiero abandonar el ataúd de la mediocridad.
Quiero atravesar la quietud de la intimidad.
Quiero abrazar todo el cuerpo de la verdad.

Una luz roja en el esófago del pasillo

Estoy a punto de abandonar todo el cuerpo del todo
y ponerme a caminar.
Y si me pongo a caminar yo me pongo a caminar.
Y si me pongo yo a caminar,
yo me pongo a caminar de lo que se dice caminar de andar,
y si una tribu de trescientos hombres pintados
y armados quiere decirme algo
yo ya estaré entrenada
y capacitada
para no dejar de caminar;
porque cuando empiezas a caminar
ya no puedes
ni debes
ni eres capaz nunca
de dejar ya de caminar.

Cuando tú decides que eso es lo que vas a hacer,
caminar,
es porque has visto a Dios.
Has visto un final.
Has visto una galleta infinita al final de la mesa,
has visto una sombra de cigüeña en lo alto de la percha,
una luz roja en el esófago del pasillo,
un saltamontes de hada al final del camino.
Una barra.
Un semáforo.

Un palo.
Una pista.
Una tabla.
Una lista.
Muy oscura.
Y muy lisa.
¡Siempre gruesa
y siempre lisa!
Lo suficientemente gruesa como para poder verla toda
desde la ladera.

Y si la ves ya no hay nada más que definir.
Cuando tú ya te ves ya no queda nada que decidir.
Ya no repta por tu corteza
un mismo dios al que rezar,
ya no hay fantasma que redimir,
ni espejo que restaurar
ni tampoco un nuevo duende al que invocar.
Ya no te queda ningún mago más que atisbar.
Porque lo que tú creías que necesitabas ya allí ya aquí está.

Lo que por tanto tiempo añorabas
ya acaba de explosionar.

Y que le den por el culo al tiempo.
y que le den por el culo a retener
y a obtener
y a poseer

y a retorcer el tiempo.
Y que le den por el culo a lo que se supone
que es tener un balance del tiempo,
y a aprovechar el tiempo,
y a ser productivo con el tiempo,
y a que el tiempo no te tome el pelo
ni se monte a reírse encima de ti
sobre ti
porque solamente tú eres la única reina de tu tiempo.

Y cuando nos pongamos a trabajar de verdad sin pensar en nada más esa será nuestra única vida y también será nuestra única realidad por favor solamente piensa en una cosa en su totalidad y la segunda parte del hechizo relucirá porque cuando te quieras dar cuenta
renacerás a través
del retrovisor de un coche sedado,
y te descubrirás salpicada
por tres relámpagos de un sol tímido
durante tus diez minutos de descanso,
y te comprarás quizás unas medias
para recordarte a ti misma que usas las piernas.

Metamos los pies en todas las pausas de la eternidad.
No las podemos buscar.
Llegarán.
No las debemos esperar.

Ni la pérdida,
ni el riesgo,
ni el abismo,
ni el milagro necesario para conquistar la reciprocidad.

Ya estoy preparada para ser.
Ya estoy preparada para dejar de complacer.
Ya estoy preparada para dejar de obedecer.

Gracias.

Me gustaría lanzarme al mar y quedarme estancada;
y si alguna vez saliera,

que absolutamente nada

me entumeciera.

Para poder volar y amar sin censura.

Casa Estrella.

ÍNDICE

INTRODUCCIÓN 11

PARTE I. EL ANCLA 23
La vida es un arroz frito con tu abuela 25
La ausencia es como dormir tres años seguidos en febrero 28
De esto vivo 30
Me gustan los días de enfermedad 32
Lo que la pausa me dijo 35
El miércoles más largo del mundo 38
Viene 40
Cuando levitamos en el océano, ¿está pasando el tiempo? 42

PARTE II. EL CEPO QUE NOS DUERME 47
Ni carne ni laringe ni tobillos nunca tuvimos 49
A los que no habláis con nadie 52
Guardo un puñado del tiempo para cualquier persona 53
¿Veis mis ojos en mí? 54
Compendio de alucinaciones que son amigas 57
Si me compro un vestido nuevo y me lo pongo, ¿quién soy? 58
Todo lo que tienes o lo ganas o lo pierdes 60
La tristeza no es la esquina en el techo de ningún loco 62
Ayer soñé que un hombre me disparaba 63
Muerte en la ciudad 67

PARTE 3. ARGANEO, LLÉVAME 69
Un desvarío 71
Me gustaría 72
Voy a abandonar todo el cuerpo de todo 74
Una luz roja en el esófago del pasillo 76

Este libro se terminó de editar en Granada
en abril de 2025 por

Aliarediciones

www.aliarediciones.es
info@aliarediciones.es